"Christopher Soto es la encarnación viva de la mejor poesía que se está escribiendo en Los Ángeles en este momento: queer, punk, pro-migrante, incansablemente estimulante y política". —ANDRÉ NAFFIS-SAHELY, *Los Angeles Times*

"Christopher Soto ofrece una mirada inquebrantable y cruda del impacto de los sistemas actuales en las comunidades latinas y otras". —RAUL A. REYES, *NBC News*

"Su poesía combina vulnerabilidad tierna y humor vulgar por igual, y su libro abre nuevas posibilidades para un mundo mejor que todos podemos trabajar juntos para crear". —KATJA VUJIĆ, *New York Magazine*

"Puede que esté envuelto en poesía, pero Soto se adentra en una discusión política sobre la seguridad. El enfoque al que debe su análisis del Estado es la necropolítica, un concepto de la teoría política que examina cómo el poder soberano controla los cuerpos que considera anormales y, por lo tanto, los etiqueta como amenaza, llevándolos hacia la exclusión o la muerte". —DANIELLE MACKEY, *The Nation*

"*Diarios de un Terrorista: Abolir la Policía* es una ambiciosa colección debut… Sus poemas son rebeldes denuncias antiestablecimiento de los que están en el poder; desde policías y guardias de inmigración, hasta políticos, administradores y el ejército". —LEO BOIX, *Poetry London*

"Los poemas de esta colección son las reflexiones y afirmaciones de un llamado 'terrorista' que observa a la nación desde fuera de sus fronteras. Aunque forma parte de dicha nación, el poeta trata esta colección de poesía como si fuera el único país que le queda… No sólo su oficio individual es conmovedor, sino que su voz resuena con su gente". —FÉI HERNANDEZ, *Los Angeles Review of Books*

"La colección es tanto un desafío como una invitación que permite a los lectores confrontar los legados interconectados de la violencia y abrir su imaginación hacia un futuro más justo y equitativo". —NICOLE CHUNG, *The Atlantic*

DIARIOS DE UN TERRORISTA
# ABOLIR LA POLICÍA
Christopher Soto

**Diarios de un Terrorista: Abolir la Policía**
Christopher Soto

*Primera edición*
Marzo 2025

*Dirección editorial*
Alexandra Lytton Regalado

*Traducción*
Lawrence Schimel

*Corrección idiomática*
Josué Andrés Moz

*Arte de portada*
Alfonso Gonzalez Jr.

*Diseño editorial*
Efraín Caravantes

Copyright © 2025 - Editorial Kalina & Haymarket Books

Todos los derechos reservados. Ninguna parte de esta publicación puede ser reproducida, almacenada en sistema recuperable o transmitida, en ninguna forma o por ningún medio electrónico, mecánico, fotocopia, grabación u otros sin el previo permiso escrito de la editorial.

DIARIOS DE UN TERRORISTA

# ABOLIR LA POLICÍA

Christopher Soto

Traducción de Lawrence Schimel

kalina

"Hombre no, sino nube en pantalones".
Vladimir Mayakovsky

# ÍNDICE

## UNO
- 13 Lluvia de estrellas // o donde el cielo rasguñó sus rodillas
- 14 La policía disparó a un campo de margaritas
- 15 Candelabro que cuelga en forma de pulpo
- 16 Un día bello en el jardín // psiquiátrico

## DOS
- 19 Los niños en sus chalequitos antibalas

## TRES
- 29 El futuro brilla // al lado de un depósito de desechos nucleares
- 31 El terrorista afeitó su barba
- 32 Cuando las nubes contrajeron tos de fumador
- 33 Soplar los cuernos de un toro
- 34 Atacan los ciborgs transgénero
- 35 Orgías para los viejitos
- 36 El cholo a pelo
- 37 En apoyo a la violencia
- 38 Dos amantes en perfecta // sincronía
- 44 Mmmmm // sarna para el desayuno
- 45 Sexo transaccional con Satanás
- 46 Todos los chicos muertos se nos parecen
- 47 Cabrón esquizofrénico
- 48 Sobre el paisaje necropolítico
- 50 El Árbol de Joshua // presenta su cambio de nombre
- 51 Oportunidad de trabajo para agentes de la Patrulla Fronteriza
- 53 Hemos estado esperando un motín

## CUATRO
- 57 Entonces un martillo // entendió el sentido de su vida

- 73 Nota del autor
- 75 Biografías

## LLUVIA DE ESTRELLAS // O DONDE EL CIELO RASGUÑÓ SUS RODILLAS

*En memoria de Tony*

La policía mató a nuestro vecino // En su
    Alfombra // A cincuenta pasos de su cama
        El perfume cobrizo de la bala // Lo roció &
            Después de la primera bala // Había luciérnagas tropezando

Después de la primera bala // Caímos al suelo & caímos
    Al sótano // Donde la computadora no podía hablar en alto
        Enroscada en la esquina // Descargando la última versión de él
            Cuando nuestro amigo nos dijo // No vean por la ventana

Tony tenía un ancla // En su aliento
    La policía mató a nuestro vecino // & No lo supimos
        Hasta que la luna se acostó // Tony // Despierta
            Nos asomamos por la ventana // Arrancamos un pellejo de los labios

Encendimos un fósforo en nuestra cara // Para iluminar la habitación &
    El terror se trazó en nosotros // Es esto guerra o genocidio
        Las luces de la ambulancia // Haciendo piruetas como bailarinas de ballet
            Un hombre distinto se lamentaba en la calle // Llorando &

Intentando quitarse la camiseta // Cayó en el asfalto
    Entonces la policía se le acercó // Pistolas acechando en
        Sus cinturas // & En lo único que pudimos pensar fue // Puta otra vez no
            Quién nos protegerá // De la policía // Sino nosotros mismos

## LA POLICÍA DISPARÓ A UN CAMPO DE MARGARITAS

*En conversación con* Verano Rojo *de Rafa Esparza*

7:00 a.m.   Despertamos sin sueño // El bloque encintado de amarillo
            Murió Tony // Agujeros de balas en las ventanas del carro // Pedazos de vidrio
                En el suelo

9:00 a.m.   Tuvimos un ataque de pánico manejando al trabajo // Todas las ventanas
            Se abrieron dentro de nosotros // No podíamos encontrar el aliento
                Demasiado viento

1:00 p.m.   Los caballos salieron trotando por nuestras mentes // Tocamos las crines
            Gusanos calientes // Se retorcieron en signos del infinito

6:00 p.m.   El hogar no era seguro pero era el único lugar adónde ir // Niños
            Saltaron a la rayuela cerca de orugas // Una mujer

11:00 p.m.  Fue asaltada en la acera // El sonido del impacto de cabeza
            Contra el cemento // Escuchamos a un hombre gritar // Tienes una pistola
                Una pistola

11:30 p.m.  Para evitar lamer balas // Tapamos la ventana con muebles
            Tiramos el colchón al suelo // Seguimos teniendo errores nocturnos

10:00 a.m.  La pesadumbre avanza como un iceberg // Deslizándose sola al mar
            Nunca el cielo nadó tan lejos

## CANDELABRO QUE CUELGA EN FORMA DE PULPO

Llevamos flores a su madre
        Pero las flores no // Contestarán sus mensajes
        Ni darán de comer al perro encadenado a una estaca
        En el patio amarillo

                l    a    d    r    a    n    d    o

Esta es su casa // Imploraba al viento que la sujetara
        Los reporteros dijeron que el asesinato era justificado
        Pero pensamos que // Nadie debería ser asesinado por la policía
        Así que lo escribimos // En una pancarta
        Cerca del campamento

Su madre // Enterró a su hijo // Deja que descanse
        Quisimos decirle
        Los muertos no pueden ser buenos ni malos // Solo muertos
        Pero éramos demasiado tímidos para hablar

Su madre estaba destrozada &
        Encendía velas en la vigilia
        Se crispa el relámpago como nosotros
        Cada vez que perdemos

Querida policía
        La confianza significa que te doy la pistola
        Tú no disparas
        Es algo que no merecen
        Ser de confianza

## UN DÍA BELLO EN EL JARDÍN // PSIQUIÁTRICO

*En memoria de Nate*

La policía se asustó & apretó el gatillo // & Puf
El chico añil bajo la luz de luna desapareció

Ignorado por los políticos // & La policía sin remordimientos
Vez tras vez // Una montaña se dobla sobre sí misma & suspira

Es tan gringo // El luto constante de las violetas
Floreciendo en violencia estatal // Qué hace falta por decir

La ira es la saliva que hemos tragado // Durante siglos
Los girasoles se quemaron // & Cerraron los ojos

Contábamos la distancia entre balas & nuestras cabezas
El eco significó // Que subió al cielo a diez cuadras de distancia

Las manos de la carretera // Tan altas sobre de las nubes &
Intentamos no saltar // Cuánto valen nuestras alas precavidas

Si enceramos nuestras plumas // Acaso cesarían los disparos
Si afeitáramos las cejas para coser un abrigo // No tendría

Él frío aún

**LOS NIÑOS EN SUS CHALEQUITOS ANTIBALAS**

                    Cada semana
                    Pasábamos por
                    Detectores de metal
                    Guardias chismeando
                      Madres
                        Una cancha de básquet
                        Un mirlo
                          Alambres de púas & más
                        Alambres de púas
                    Para estar aquí
                  Donde

Preparamos
Los poemas
Para jóvenes encarcelados
De 15 a 19 años de edad
Son
  Padres &
    Hermanos &
      Novios &
  Juntos
  Aprendimos
A escribir
A fraguar
El dolor & volverlo
Hermoso

    Cuando comenzaba la clase
      Se apagaban los televisores
        Los tableros de ajedrez eran
      Guardados // Encarcelados // &
    Los chicos soñaban con nosotros al lado

    De la mesa de almuerzo
    De acero inoxidable
En esta habitación de ladrillos grises
Todo el mundo parecía igual
    Pants
      Grises
        Sudaderas
          Grises
          Con números escritos con rotulador
          Lobos
          Grises
          La mayoría de las cabezas pelonas
        Algunos tatuados
      Les preguntamos a los jóvenes
      Sobre sus vidas fuera
    Del centro de detención
Cada oración terminaba
Con la palabra prisión
Cada prisión comenzaba
Antes de la oración

                Nuestra madre      prisión
                Nuestro padre       prisión
                Nuestra nación      prisión
                Nuestra lengua      prisión
                Nuestra raza         prisión
                Nuestro género      prisión
                Nuestra risa         prisión
                Nuestro baile        prisión
                Nuestra ropa        no nos encaja

                        Ropa que fue de nuestros
                        Primos nos cubre
                        Como una campana

       En Unidad Y2
      Ninguno de los jóvenes
     Sabía que éramos maricones
     Antes de cada clase
      Nos quitábamos el esmalte #C003 Rustic Red de
    Las uñas & luego
    Cambiábamos nuestra falda negra
   Por jeans azules delgados
   Cada cuerpo castigado
  Por su diferencia
  Por su distancia del
 Poder estatal

Julián comenzó a llamarnos Carnal
Pasó las primeras semanas de
Nuestra clase de poesía
Enseñándonos
Se levantaba la camiseta
Mostrando el nombre
De su pandilla
De sus amigos muertos
Grabados en tinta // En su estómago
Le decíamos que se
B
A
J
A
R
A
La camiseta

   Él seguía levantándola
    Julián nos dijo que
     Ya no temía a la muerte
      Estaba en aislamiento contra su voluntad

Él // Se sentaba
　　　　　　Se ponía de pie // Se sentaba
　　　　　　　　Se ponía de pie // Se sentaba

　　　　　　　　　　　　　Veintitrés horas
　　　　　　　　　　　　　Al día solo

　　　　　　　　　　　　　No podía gritar
　　　　　　　　　　　　　Sin ser patologizado

　　　　　　　　　　　　　Lo que fuera
　　　　　　　　　　　　　Para abrir las puertas

La primera vez
Que fuimos detenidos
Envejecimos hasta los 15
Un barrio
Vigilado por el
Delgado hedor de
Mierda de vaca mientras
Se doblaban nuestros codos en
El asiento trasero de un
Carro de la policía
Vestíamos solo unos boxers
　　Estábamos esposados &
　　　　Los rostros parecían
　　Cámaras de seguridad
Capturando solo una escena de la película

　　　　　　　　　　　　　El joven moreno
　　　　　　　　　　　　　El carro de la policía
　　　　　　　　　　　　　La grúa

Después de ser detenidos
Por robar
El carro de nuestro padre &

Fugarnos
De una casa abusiva
Nadie vio las
Quemaduras de cigarrillos apagados
  En nuestros hombros
    Nadie notó
      Los salmos desgastados de nuestro padre
        La manera en que su agarre rasgó
          Nuestra ropa
            Cómo nos sentamos

        Mudos       &       diminutos
        Como       sus       perritos falderos

        En la Unidad Y2
        Julián fue por fin
          Liberado
            Escuchamos
              Que lo dejaron salir del
                Centro de detención
                  En libertad condicional
                Con un monitor de tobillo &
              Las noticias informaban
                Que el gobierno gober nándonos
              Usaría estos
              Monitores de tobillo
                Para seguir el rastro de los
              In Migrantes
              Indocumentados
            Migrantes rastreados como
            Animales salvajes
            En nuestra familia de
            Migrantes
            Por supuesto
            Huimos de los cazadores // Hay

                Toda
                Una
                Historia
                Gringa de zoos humanos

                En 1895 // Cree
                En 1896 // Sicangu Lakota
                En 1906 // Ota Benga
                Exhibidos

              Celebramos a Julián
            Por su liberación del
          Encierro en la Unidad Y2
        Confeti & globos pero
        Nos sentimos incómodos
      Proponiendo
      Que estaba libre
    Era humano
      O ciudadano
        Queríamos incinerar
          Su monitor de tobillo
            Queríamos decirle
Todo
Ha cambiado pero
El gobierno sigue
Rastreando
    Delitos
      Putitos

No ha cambiado nada
No // Ha // Cambiado
Ya // No // Encadenado
Nada // Encadenado
En cade // Nada

J
ulián
No está libre
Solo han reorganizado
Los límites de su jaula
Ya afuera
Julián estaba en el
Sofá de la
Sala vintage
De su mamá viendo
Caricaturas después de
Beber la leche del bol
De cereal &
Se sentía perezoso
Preguntándose si los abdominales
Son una personalidad
Las colchas son de lana &
Están colocadas suavemente
Sobre sus hombros
El sol entra ladeado por
Las cortinas de algodón
Bostezó & se estiró
Se quitó legañas
De sus ojos
Esperó que no hubiera lluvia
Con la cabeza hecha de tiza
Cada luz debe comenzar
Algún día

## EL FUTURO BRILLA // AL LADO DE UN DEPÓSITO DE DESECHOS NUCLEARES

Ella recargó su tobillera // Desde la silla de la cocina &
    Los girasoles en el papel tapiz blanco // Comenzaron a marchitarse

Nos marchitamos con ellos // Antes que nuestra hermana // & Su agente
    De vigilancia // Que llegó a la casa sin previo aviso

Justo cuando estábamos // Preparando la cena // & Qué se supone que debíamos
    Hacer // Cocinar para él // Invitarle a comer con nosotros

*

Cortamos las cabezas // De tallos de brócoli // & Imaginamos
    Que su cuerpo estaba en la tabla de cortar // Ugh

Este agente seguía diciendo disparates & empujando sus ojos por
    El departamento // Buscando drogas // Alcohol

Alquimia // Nuestra hermana esperó a que se fuera // Luego comenzó a quejarse
    Divagando sobre // Su infancia // & Cómo era

Antes del arresto domiciliario // El confinamiento de estas paredes repelladas &
    Su ruta monitorizada al trabajo // Donde en

Cada esquina está la policía // Mimando una tienda de licores // Protegiendo su
    Noción de la libertad // Nuestro barrio consume el miedo

*

Madres están siendo // Esposadas & acosadas // Hogares están siendo
    Aplastados como colillas // Todo el mundo que conocemos

Odia a la policía racista & desea una revolución // Pero pocas veces
    Apuntamos la pistola // Has oído // Cómo las balas cantan

Su himno // Por el cuerpo // Suena como Dios
    Cerrando la puerta // Bang // Bang

                              *


Cuando es la hora de cenar en el cielo // & Tu agente toca la puerta
    Ignóralo hermana // Deja que la puerta reciba los moretones

Que los osos devoren a nuestros enemigos // No tenemos ninguna obligación
    De abrirnos // Para que nos hagan daño

## EL TERRORISTA AFEITÓ SU BARBA

*Después de Cecilia Vicuña & Layli Long Soldier*

La raíz de terrorismo es terror
    Derivada etimológicamente de
    La palabra tierra en español // Que significa patria

O quizás // La raíz de terrorismo es error
    Derivada etimológicamente del
    Griego // Errar // Que significa ser incorrecto

O quizás erramos en la etimología
    Quizás nos equivocamos // Al pensar que terrorismo significa
    Alguien que existe de manera incorrecta en esta tierra

En español // La palabra terrorismo hace una rima inclinada con
    Terremoto // & Un terremoto es
    Una agitación de la tierra

Añades un prefijo &
    La palabra se convierte en verbo // Aterrorizar
    Por ejemplo // La policía está aterrorizando a nuestra gente &

Cambiando el tiempo verbal // Se convierte en // Aterrorizado
    Por ejemplo // En esta tierra // Nuestra gente fue
    Aterrorizada por la policía // Por ICE

Será que solo los escritores nos obsesionamos // Con la puntuación
    El signo de interrogación // Tan chulo en su curiosidad
    Pregunta // A quién llamamos terrorista & por qué

## CUANDO LAS NUBES CONTRAJERON TOS DE FUMADOR

*Para Roque Dalton // Poeta // Encarcelado en El Salvador*

    Esta vida es tan pequeña // & Dulce como una fresa
Observamos a las mujeres tocar el arpa en // Las colinas de hierba
    Música tan bella // Que estiramos los oídos para escuchar
La nube susurró // Los recuerdos no pueden ser olvidados
    Como orugas tejían guantes de seda // En nuestras manos
Cuando nos condenaron a muerte // Escribimos rápidamente en tu servilleta
    Con miedo sí // Pero nunca con miedo al amor
La policía nos llevó a la cárcel // Tiró tornados por la habitación
    Intentamos recordar la forma de las estrellas &
Así de inmediato // Un terremoto derribó la pared de la celda
    Un viento suave nos alzó // Como una cometa // Estuvimos volando
Escapamos a Cuba // Nuestro estómago más pequeño que un diente
    Los cubanos nos entrenaron para el combate // Para guiar tropas de guerrilla
Queríamos tanto el pan para nuestra gente // Que lo robamos
    En El Salvador // Los analfabetos memorizaron nuestra poesía
Para escucharlos recitarla // Nos clavaron una jabalina en el torso
    Antes de volver // Lijamos los bordes
De nuestros huesos // El viento silbó por la herida
    El gobierno no pudo encontrarnos // Con los guerrilleros
Hubo palabras que no pudimos masticar // Porque nos romperían la mandíbula
    No podíamos perdernos unos a otros // Éramos todo lo que teníamos

## SOPLAR LOS CUERNOS DE UN TORO

*Para Dareen Tatour // Arrestada en 2018 por subir a YouTube un poema &*
*Vídeo de Palestinos // Tirando piedras a soldados israelíes*

Asunto        Querida Intifada
CC

        Estábamos reiniciando // Nuestras vidas &
    Recorriendo // La autopista electrónica cuando
    Nuestro código fue bloqueado por // Un control de seguridad israelí
    Nuestro hiperespacio ocupado        punto com

Nuestra computadora no colapsó // Pero la puerta sí
Nuestro juicio programado para // Apagar activistas
Dijimos // Resistan // Resistan a ellos

HTTPS // Búsqueda de Google Nakba    #700mil    Palestinos desalojados por la fuerza
Soldados // Soldados // Soldados // Soldados
Vimos una pared & el marco de una puerta    tenemos las llaves de hogares demolidos

    A pesar de no tener manos // Internet tiene tan largo alcance
    Detrás de su azul tranquilo // Una sala de chat llena de ruido // Gritando
    ROMPE EL MURO // O LES ROMPERÉ LA CARA

        Sinceramente
        Haga click en el adjunto para corromper el archivo

## ATACAN LOS CIBORGS TRANSGÉNERO

*De JFK a LAX*

Dejamos nuestro género en Los Ángeles // Era une muxe linde con una barba llena // & Una
Verga marrón gruesa // Viajábamos hacía ella // Pasando detectores de metales // Cuando
Unos agentes groseros // Comenzaron a manosear // Nuestros genitales // Ja ja // Si tu
Trabajo es meter mano a desconocidos // Entonces déjalo // Huelga // Queridos perdedores
De la agencia de transportación // Amamos nuestro trasero peludo en tanga de encaje // El
Dildo en la bolsa de mano // No es una arma // Lo prometemos // Cuando nos detuvieron
No estábamos seguros de qué orificios podrían registrar // Los oídos // O la nariz // Perdimos
El vuelo // Perdimos nuestro género // Hicieron la última llamada & no pudimos escucharla
Seguimos aquí aún & dijeron que nuestra actitud tiene altitud // Woof // La foto de nuestro
ID // De cuando éramos lobos // La chica en California // Anhelábamos verla // Como la
Imagen de montañas excavadas por una cuchara // Mostraríamos selfies de nuestro // Ano
Después del show del asno en Tijuana // Si así se asegurara el avión // Por favor déjanos
Déjanos volar // Más alto que los fuegos artificiales en julio // Para ver nubes desnudarse en
El cielo // Nuestro género iba contra la ley // Pero tu Dios también // Sí Jesucristo fue trans
Su cabello & su vestido // Jesucristo fue trans // Cómo el Estado romano la crucificó
En público

## ORGÍAS PARA LOS VIEJITOS

Cautivados por los modelos m      ás feos del mundo // & Por fin
  Disfrutando de nuestra propia med         iocridad // Vendimos arte
    Para la aristocracia & algunos días nos desesper     amos por
      Cualquier contacto // Sentíamos cel     os de madres que amamantaban
      Deberíamos tener más vergüenza // Lo sab     emos // Miramos
Nuestro ano en lo feo // & Nos devolvía la mira     da // Cómo
    Cambiábamos de deseo a deseo // Hasta que n     o quedaba anhelo
      Muertos de miedo por atascarnos c     omo un // Pez globo en aros
      De plástico // Sabes cómo asust     ar a un pulpo // Pregúntale sobre su futuro
    Pasaba nadando la m emoria // Un tiburón plateado que no quisimos tocar
Sacábamos la basura // Nos sacábamos a nosotros mismos
    Sufrimos artritis mientras lo masturbábamos // Nuestros dientes falsos
      Cayeron en su vello púbico // & Babeamos como perritos
        Venimos con nuestra andadera & una montaña de viagra // Luego
      Chupábamos hasta la lenta descarga celestial // Mientras los
Zapatistas cantaban sus himnos en Chiapas // Recibimos
Consejos de vida de adolescentes embarazadas // Solo     sal para
    Los sugar daddies // Los jueves nos arrodilláb     amos como un caballo
      Trenzando su crin en el ciprés     los caballos // Son unicornios
        Que perdieron la guerra     siempre los siguientes en la línea de pobreza
      Vimos nuestra cultura     venderse en la bolsa // Convertirse en
    Memorias recic     ladas en la tele // Cada nube soñó una forma sólida
  De amar para siempre     a chicos universitarios maricas
De rezar para siempre ba     jo la tanga reluciente del Papa

## EL CHOLO A PELO

Somos su // Puto jubilado recibiendo cupones para alimentos // Siempre

Esnifando tranquilizante para caballos // Viendo sueños digitales

Este boy pussy // Dulce & fresa es toda una máquina

Dos veces me // Persiguieron maricas // Por la desnuda // Avenida

Acosado & fotografiado // Comprando móviles desechables

El sonido celofán de ciberamenazas // Entropía

En la nueva & brutal // Medianoche negra // Llorando en público

Hablamos literalmente // Perdimos obsidiana // & Un trabajo

En la dark web // Fuimos acosados // Tijerizando

Nuestra reina femme // & Él violinando // Un poco nervioso

El cielo una constelación de flechas // Algo dorado

El dolor emplumado // Perdónanos // Por nada

Hablábamos // Oliendo a orín de perro & perreo

Todos heridos // Escupieron diamantes // En la arena

El clima del Infierno es templado // Comparado a // Esta vida

Sin ti

## EN APOYO A LA VIOLENCIA

*Doscientas mujeres en la India // Mataron a su violador en la sala de justicia de Nagapur en 2004*
*Cuando la policía intentó detener a las líderes // Las mujeres respondieron // Detennos a todas*

En esta habitación sin ventanas // Donde derramó ácido & robó dinero // Detennos a todas
En esta habitación sin ventanas // Cerrada como las tripas de un toro // Detennos a todas

Embestido & apuñalado son palabras para describir una herida      hermosa // La
Hendidura de una navaja dentro de su pecho      hermosas // Galaxias negras creciendo

Sobre su piel // Tiramos piedras // & Chile picante
Detennos a todas

En las vías del tren                          donde mató a nuestras hermanas
En las vías del tren // Donde hormigas negras comenzaron // a morder coronas en su cuello

Detennos a todas      el mundo giraba &      caímos de su cama
Cómo podríamos lamentarnos      él seguía violando // & Amenazando // & Matándonos

Detennos a todas      en el charco de rubí // En el suelo blanco de la sala de justicia
Detennos a todas      le cortamos su verga con una sierra // & Volvimos su casa // escombros

Las calles estaban abarrotadas // De protestas            bienvenido a casa
                    La noche fue una abeja // Neón & zumbando

Nunca quisimos hacer daño // Solo sobrevivir &
No pudimos esperar más // Deseando que alguien // Nos ayudara o empatizara

## DOS AMANTES EN PERFECTA // SINCRONÍA

*Figura 19*

En 1991 // Félix González-Torres // Hizo una instalación En memoria de su novio // Ross Laycock // La instalación Fue creada con dulces individualmente envueltos en celofán Multicolor // El montículo de dulces pesaba 175 libras o el Peso de cuerpo ideal de Ross antes del SIDA // Durante el Día // Visitantes a la galería se comían la pila de dulces & así Reducían el cuerpo de Ross // Consumiendo su cuerpo como Lo hizo el SIDA // & Por la noche cuando todos abandonaban La galería // Los curadores podían elegir reponer la pila de Dulces // Restaurando a Ross a su peso ideal // & Dotándole De vida eterna // O no // Este poema está dedicado a nuestros Mentores cuir a quienes nunca tuvimos la oportunidad de Conocer // Especialmente Ross & Félix

Nacimos el mes // En que Ross murió // En Los Ángeles
Nuestra espalda de bebé // Tostada & tatuada // El sudor
De la nuca // Dulce wetback // Beaner // Spik speaking
Spanglish // Nuestra ropa colgada en el tendedero // El
Columpio columpiándose // Nos vestimos de // Arena de
Playa // Conchas de playa // Cangrejos de arena // Piel de
Verano // Tan bronceados // Nacimos & Félix lamentaba a
Ross // El himno perdido de él // Poured one out // & Otro
Pa' arriba // Pa' abajo // Centro // Tequila gratis para
Los bichos // Pintando con pistolas nuestros nombres en la
Lavandería // Snacks veganos en el show punk // Queríamos
Creer que // La masturbación es sexo con alguien que amas
Pero aun así seguimos aparte // Una parte // De toda
Una generación de jóvenes cuir // Siendo criades // Sin
Nuestres mayores // Quién es Ross para nosotres // Toda una
Generación // Perdida por el SIDA // Nuestra señora de la
Disidencia constante // Una pequeña alegoría gore

Hugo nuestra media naranja // Jugo de naranja // Cuando Rompimos // Tuvo un breakdown // Éramos todos costillas & En la barbacoa // Tocó el xilófono con la lengua // Piscina Inflable en el patio delantero // Hierba amarilla // Guacamayas Enjauladas // Palmeras // Mesas de billar inclinadas // El Perro con el pelo enmarañado // Chanclas con calcetines en la Playa // Cajas de conchas // Cocinando pupusas con Mamá Bebiendo Kolashampan // El Boombox // Pokémon Muros con grafiti // & Mara skate // Sin camiseta Huesudos como galgos // Los boxers a cuadros de Hugo Asomándose // Por sus pantalones cortos // Él montaba en Las clavijas de nuestras bicicletas // El camión de sorbetes Sobre Celia Cruz // Piñata // Cartas del Tarot // Argollas & Laca de Aerosol // Reaplicamos el rímel como // Una chola Antes de fotos en el Mall // Eloteros // Fútbol // Misa de Domingo // Bachata // Cumbia // Sin lluvia // Curanderas & Tío transcribían // En el trance // Fingíamos manifestar Los estigmas

Ay Los Ángeles  //  Ay Hollywood Hills  //  Ay Placita
Olvera  //  Ay San Pedro  //  Ay Long Beach  //  Ay Taquería
En Westminster  //  Ay la carretera 405  //  Brazo izquierdo
Quemado por el sol  //  Las ventanas abiertas  //  Sentados en
Sillas de playa  //  Hieleras de playa  //  Las nalgas de los niños
En la playa  //  Sandwiches de crema de maní & mermelada
Pringles o Ruffles  //  Vodka sandía  //  Protector solar  //  &
Nos reímos con toallas encima de las cabezas  //  La policía dijo
Están borrachos  //  Están fumados  //  & Contestamos  //  No
Somos salvadoreños  //  La policía nos acosó  //  Taaaaaaanto
Que dejamos de manejar  //  Dejamos de montar en bici
Nos mudamos a otra ciudad  //  La policía nos pidió  //  Carnet
De conducir  //  Nuestros ojos rojos de frotarlos  //  Nuestra piel
Morena  //  Nuestro moreno  //  Nunca nos pasamos un alto
Nunca excedimos el límite de velocidad  //  Nuestra música
No estaba demasiado alta  //  No queremos hablar  //  Contigo
Jodón  //  & Es entre estas condiciones que  //  Amamos
Lo intentamos

Homeboy beautiful // Félix & Ross // Hugo & nosotros
En el down low // Lowriders & contaminación // Amigue
A // Mi // Gay // Abrazando // El estómago // De
Nuestra almohada // En boca cerrada // No entran // Plantas
Rodadoras & cactus // & Cada día // En el museo
Visitantes se acercan a la instalación // A la pila de dulces
Envueltos individualmente // Los visitantes // Buscaban
A Ross // Buscaban OVNIs // & Nuestra familia
De extraterrestres // En el rosal // Puerta de hierro forjado
Podadores de hierba // Empujando podadoras de césped
Encima de pinzones encogiéndose // La marea eléctrica
Del capitalismo nos abrumó // Cuando cierren las cárceles
Esperamos que no haya museos del dolor // Donde los turistas
Puedan visitar seguramente a nadie // Mientras los presos
Están en solitario // Por todo este país // Hicimos llamadas
Telefónicas // A nuestros amigos sordos // Diciéndoles que
Se apuren // Al hospital // Que Ross sostiene // Los ángulos
De ángeles // Has oído // La soledad extrema // Del desfile
De los pervertidos

Ross estamos aquí baby // Todo saldrá bien // Quisimos decir
Pero ya se fue // Antes de que llegáramos con // Los sueños
Eróticos de nuestros primos // Haciendo twerk en la biblioteca
Inyectándonos en la lavandería // Agnósticos & sintiendo
Náuseas // Qué ondas // Dónde está dios // Bajo el cartel
De vacante // Dónde está el terapeuta de nuestro terapeuta
Quizás así es como salimos // Del hospital // Del poema
El cementerio // Tiene tipografía fina // Las fuentes que
Amamos // Las fuentes que necesitamos // Quizás nunca
Respiramos el aire más limpio // Ni visitamos Escandinavia
Ni miramos auroras & sus estrías // Cómo Saturno perdió sus
Anillos // Tal vez el listado de deberes nunca estuvo destinado
A completarse // Con Venus en retrógrado // Intentamos no
Naufragar // Nadando al revés en rosé & rosas // Con
Pitbulls llamados Rosie // Tal vez algún día // Despertaremos
Una rareza en lo doméstico & diremos // Ross estamos aquí
Dónde estás // Eso fue todo // Fue eso la vida // No hicimos
Lo suficiente // Hicimos tanto

## MMMMM // SARNA PARA EL DESAYUNO

       El placer
       Instantáneo // Tarda demasiado
           Barbie Butch Tortillera
           Nuestro coño de plástico barato
           Pornográfico & poliamoroso
         Mientras mapaches lamían nuestras conchas
Imploramos // Anhelamos // Sí voyeurs // Sin condones
Venirse dentro // Grábanos // Átanos con cinta
Llama a tus amigos, maricón // Haznos una doble penetración
Ayúdanos a soltar la serotonina // El gran cañón donde debería estar nuestro ano
Hablamos sintiéndonos amarillos // Despertamos sintiéndonos extraterrestres
Sintiendo demasiado // Como yemas nos rompíamos
Nos mirábamos // En el espejo // Por la mañana
Nuestra boca sabe // A él o a lo suyo
Saliva & cigarrillos // Café quemándose // Thot
     Dónde están mis calzoncillos // Vale verga // Quédatelos // No nos mandes mensajes
Las manchas de pasta de dientes en el espejo // Parecían lunas derritiéndose &
Nos acariciamos nuestros moretones // Un recuerdo de Papá

## SEXO TRANSACCIONAL CON SATANÁS

Fumaba // Como una chimenea // & Apestaba como // El suicidio de // Mil ángeles
Ceniza intergaláctica // Se esparció // Encima de las // Sábanas de su cama // & Su dildo
Vintage // Sueños escribíamos // Cartas de amor bestial // & Teníamos una afinidad
Por los cementerios góticos // Cultos // Mamá // Solía pedir // Que nuestra rareza
Estuviera bien encerrada // Dentro de Alcatraz // Atados & confundidos // Nos convertimos
En la sirena & el náufrago // Sinónimos de solitario // Nuestro sexo fue // Terrorismo
Melancólico o // Brujería en la // Iglesia católica // Nos tapó la nariz // Nuestras
Amígdalas boquiabiertas // & La verga clavada en el corazón // Postes de luz burlaban a las
Luciérnagas // En su parpadeo e inquietud // Por convulsiones en el cielo // He estado
Ped ro & practicando // Telepatía con amigos // Todo el mundo tenía la libido baja // Él
Eyaculó // & Lilas // Llenaron la habitación // Jarras de miel & leche // Bajo estuco // Por la
Mañana // Despiertos & burgueses // Nos cortamos las uñas de los pies en lunas crecientes
Todo es legal // En algún lugar

## TODOS LOS CHICOS MUERTOS SE NOS PARECEN

*Para Orlando*

La última vez que nos vimos morir fue cuando la policía mató a Jessie Hernández
    Un joven cuir moreno de 17 años // Mientras dormía en su carro
Ayer nos vimos morir otra vez // Cincuenta veces morimos en Orlando // &
    Recordamos leer // Al Dr. José Esteban Muñoz antes de que muriera
Estudiábamos en NYU // Donde enseñaba // Donde escribió cosas que
    Nos hicieron sentir que la sobrevivencia cuir morena era posible // Pero él no sobrevivió &
Ahora // En la pista de baile // En los baños // En las noticias // En nuestro pecho
    Hay otros // Cincuenta cuerpos que se parecen al nuestro // & Son
Muertos // & Hemos estado marchando para Black Lives // &
    Hablando de la brutalidad de la policía
Contra las comunidades indígenas también // Durante años // Pero esta mañana
    Lo sentimos // De verdad lo sentimos de nuevo // Cómo podemos imaginarnos // Hoy
Los negros // Los indígenas // Los morenos // Cómo podemos
    Imaginarnos a nosotros mismos cuando
Todos los chicos muertos se nos parecen // Una vez preguntamos a nuestro sobrino dónde
    Quería ir a la universidad // Qué carrera quería estudiar // Como si
El mundo entero fuera suyo para elegir // Una vez contestó sin tener miedo a
    Lápidas ni jaulas // Ni a las manos de un padre // Ayer las manos de nuestro
Amante elogiaron nuestro cuerpo entero // Hizo ángeles de nuestros labios // Ave María
    Llena eres de gracia // Nos sostenía como el techo de una catedral // En Nueva York
Antes de que abriéramos las noticias & leyéramos // Sobre
    Los que piensan que dos cuirs morenos // No pueden construir catedrales
Solo cementerios // & Cada vez que nos besamos // Se abría una parcela de cementerio
    En el dormitorio aceptábamos // Su beso // & Perdíamos nuestro reflejo
Estamos cansados de escribir este poema // Pero queríamos decir
    Una última palabra al respecto // Ayer // Nos llamó nuestro padre
Le oímos llorar por una sola segunda vez // En nuestras vidas
    Sonaba como si nos amara // Es algo que rara vez podemos oír // & Esperamos // En todo caso
Que su sonido sea lo primero que recuerde nuestro cuerpo

## CABRÓN ESQUIZOFRÉNICO

A la puta // Te amamos maje
Te encontramos en algún M O    E L barato con una tenue T en neón
Te encontramos riendo a carcajadas en un campo abierto // Abriendo el cielo a la fuerza
Con tu risa
Encontramos tus brazos tatuados con nuestros poemas
Porque fuimos los únicos poetas que conociste
Porque amabas cómo siempre te buscábamos // O te encontrábamos
Paseando con tu perro asmático que ya no era tuyo
Paseando al lado de las vías del tren antes del toque de queda en la casa de rehabilitación
Paseando con esa adicta & sus tres hijos
Por qué les gritabas a ellos // & Mamá dijo que estos no pueden venir más a casa
O tal vez estabas volviendo a la cárcel
O era ese tu número de celular otra vez
O estuvimos en el garaje preguntándole a tu Mamá // Cuándo te vio por última vez
O lloramos en una camioneta // Sintiéndonos zorras estúpidas
No pudimos encontrarte bajo las uñas
No pudimos encontrarte // Pidiendo consejos de dietas a anoréxicas
No pudimos encontrarte en ningún lugar &
Te recordamos antes de las drogas prescritas // Que te llevaron a las drogas sin receta
Cómo surfeábamos al lado de los delfines // Las olas bailando en nuestras espaldas
Cómo las almejas de California // Se agarraban a los pilares del muelle
Cuántas despedidas falsas // Antes de que nos despidiéramos
Dónde estás // Nos vemos

## SOBRE EL PAISAJE NECROPOLÍTICO

Querida Mamá // Nos disculpamos por estas instrucciones acerca de
Nuestra muerte tardía // Pero la policía sigue molestando a los padres sobre

Dónde esparcir las cenizas de sus hijos // Que se jodan // Baila &
Ríe nuestras cenizas en los volcanes // Los volcanes son los granos

De la Tierra // A punto de estallar // Querida Mamá // Esperamos no morir ninguno de
Los dos // Sino // Deslizarnos juntos hacia el Alzheimer como

La Abuela hace años // Podemos salir de nuestras casas vestidos con
Batas // Saludar a los carros de la policía pensando que son taxis

Llevando Padres a casa // Querida Mamá // No te lo hemos dicho pero
Las bombas en Chelsea el otoño pasado fueron tan cercanas // Caímos & rezamos

A las Monjas // Sagradas del Comité de Disfunción Eréctil // Pero
Aun así // Nunca entenderemos por qué // Dios hizo algo

Tan bello como el sol // Que puede // Dejarte ciego
Querida Mamá // Hemos tardado demasiado en decir gracias

La palabra se retorcía en la lengua // Tartamudeamos al decir gra-gracias &
Tal vez es nuestro acento // Incapaz de pronunciar refrigrator

Refrigerador // Como si nuestro idioma fuera un niño
Que moja la cama al hacerle tantas cosquillas // Querida Mamá

Hemos leído el informe de crédito // & Los gringos pagaron
La Guerra Civil en El Salvador // Donde cortaron los genitales de hombres &

Los metieron en sus bocas // Las cabezas decapitadas colocadas
Entre sus piernas // Tío vio a todos sus amigos // Alumnos desplomados

Sobre vallas de tela metálica // Después de marchar afuera de la universidad
Cuando éramos niños  // Nunca pensamos lo difícil que debía de haber sido

Recoger con nosotros las cabezas de margaritas // Cerca de la piscina
Con cada pétalo arrancado // Recitamos // Nos quiere // No nos quiere

Dios debe // En las noches más hinchadas // Las noches más llenas
Dios debe de haber sabido // Que nos seguirías fuera // Las puertas del cielo

Qué oxímoron // Debe de haber un cielo ilimitado &
Desenfrenado // Donde podríamos pedir asilo // Querida Mamá // Por favor

Enséñanos a sostener la pena // Sin perder los brazos

## EL ÁRBOL DE JOSHUA // PRESENTA SU CAMBIO DE NOMBRE

Ella nos pisó el pecho
    Arrastrando su sombra & deshilachando // Todos los bordes
        Nuestros pezones brotaron // En cactus // Fruta & flor
            Ella comió // Luego nosotros // Una aguja la pinchó

Pocas veces hemos visto llorar a esta mujer // Apretada como un nubarrón
    Lloró porque // Dos hombres // Dos hombres
        Construyeron un centro de detención // De hueso & barro

El primer hueso // Nuestra clavícula       El segundo // Su columna vertebral
    Ella aulló // Mientras la cerca // La encercaba
        Ella tosía & rastreaba el suelo // Nuestro pecho temb
        Temblando

Dentro del centro de detención // La renombraron // Ilegal
    Ella olvidó 15 libras & su salud mental & sus pies fueron
        Baldosas agrietadas // Platos sucios

Esta frontera // No es una sutura // Donde las naciones se encuentran
    Esta frontera es una herida // Donde las naciones se separan

## OPORTUNIDAD DE TRABAJO PARA AGENTES DE LA PATRULLA FRONTERIZA

Requisitos
- Ciudadanía estadounidense
- Un año de experiencia militar o policial
- Habilidad para leer & hablar Spanglish

Educación
- No se requiere título universitario

Responsabilidades
- Abrir jarras de agua de rosas // Cortadas en forma de ceño fruncido
- Adolescente mexicano // Desarmado pero disparado
- Cementerios de neón // Pasados a través de la frontera
- Dinero robado // Medicamentos confiscados // Niños metidos en Celdas superpobladas
- Papel higiénico // Colocado en el suelo para calentarse // Una barrera antes del Cemento frío
- Drogas importadas de contrabando por agentes fronterizos
- Puntos de control abiertos durante el huracán // Los migrantes no pueden Buscar seguridad // Sin ser detenidos
- Revisión de cámaras de vigilancia // Pasaportes de skinheads
- Comunidades fronterizas petroleras // Deseos patrullados
- Creer que eras bueno // Por hacer tu trabajo // Incluso cuando tu trabajo significa Dañar a otras personas

Salario
- $40 mil & aumento cada año // Más horas extras

Beneficios
- Visores infrarrojos para operaciones nocturnas
- Mitad de precio en pulmones usados
- Obligatorio llevar armas
- Equipado con vehículos todoterreno // Caballos // Embarcaciones Motocicletas & cuatrimotos

- Mirar al espejo // Arrojando piedras

Cómo aplicar
- Envía tu nombre // Prometemos que los insomnes tienen las mejores ensoñaciones
- Tiempo completo // Preferiblemente latinos

## HEMOS ESTADO ESPERANDO UN MOTÍN

*En el Zoológico de Los Angeles*

Las cobras abrieron los ganchos de sus mandíbulas // Forzaron
Las cerraduras de sus terrarios & escaparon

Los pingüinos arrojaron // Préstamos estudiantiles a mujeres con bolsas de Prada
Tan agitadas // La idea de que la felicidad exista en cualquier lugar // Parecía un insulto

El rinoceronte albino abrió // A golpes las puertas de su cautiverio
Cómo soñaba con un road trip e ir a acampar a Yosemite

Con pasear por el valle & dejar que las cascadas vaciaran sus vejigas en su boca
El carnero embistió también // Contra las verjas de su confinamiento

El perico albaricoque // Cantó la misma canción de lucha
El anticapitalismo significa // Que los ricos ya no nos pueden controlar con sus leyes

Todo este maldito zoológico explotó como un // Cóctel molotov
Cuando el perico prendió fuego a la pajarera & luego

Una mosca voló y aterrizó // En la espalda de una gacela // Una gacela
Que encendía un porro mientras // Apoyaba la cadera contra el puesto de helados &

Los caimanes comenzaron a servir margaritas // Caimanes
Que antes eran los enemigos de las gacelas // Pero ahora juntos

Se apropiaron del estéreo & comenzaron a bailar // La Bala de
Los Hermanos Flores

Los cerdos // Los más ansiosos de los animales // Se quedaron dentro
Agarrando sus insignias // Escondiéndose en el barro & esperando que se acabara el estruendo

Luego vinieron los soplos de los dardos tranquilizantes // Humanos empujaron a las jirafas
Cuyos cuellos cayeron en forma de // Un arco de McDonald's &

No pudimos volver // Al maíz en los abrevaderos
Huimos hacia la libertad // Nuestro crop top de guepardo // Nos convirtió en guepardos

Nuestras piernas se pixelaron en un rápido movimiento // Atrápanos
Si puedes

## ENTONCES UN MARTILLO // ENTENDIÓ EL SENTIDO DE SU VIDA

*Round 1*

Seguíamos imaginando la columna vertebral de nuestra hermana

En la valla de tela metálica

Seguíamos intentando entender // Palabras como violencia & libertad

Por qué eligió un puño para volar

En junior high // La vimos // Pelear

Las venas de su cuello fueron dos ríos

                        diver                diver

                                giendo

Nuestro cuerpo era un saco de arena & un grito de

Dale verga a esa hijueputa

Allí estaba // Su espina contra los diamantes // De la valla de tela metálica

Nos retenía

Nuestra hermana // Su pelo arrancado de su galaxia

Apenas podemos escribir el dolor de nuestra hermana en el poema

                                                do

                                                      lor

de       her       ma

                          na      en

                                        el        po

                                                        ema

                                                        & el nue   st    ro

Gritando // Dale verga a esa hijueputa // Dale en la trompa

Juramos que hubo un agujero negro que engulló cada sonido que produjimos

Suéltanos           Suéltala

                          Suelta           Los celulares

En sus manos // Grabando un momento tan feo

La lente de la cámara parpadeó su ojo // & Perdió el concurso de miradas

Cómo podrían siquiera grabar esto

No pudimos verlo ni una vez

Lo que invita a la pregunta sobre la ostranenie en la literatura

Cómo disputar la imagen // Sin que se convierta en comodidad

O provocación

Una multitud formaba un semicírculo alrededor de ella // Como un gajo de naranja

Flotando en una cerveza

Parecía que esa multitud era como de 5 // Filas o 6 // Filas o 7

Cientos // De profundidad

Naufragábamos en arenas movedizas

Nadábamos hacia adelante para ayudar

Nuestra hermana agarró // El cabello de la otra chica en la mano

Un planeta pequeño para la pena

La camisa & el brassiere de esta chola // Arrancados por nuestra hermana

Déjalas pelear // Déjalas pelear // Nos dijeron los chicos

Chicos adolescentes excita dos

Al ver // Mareros en patines

Para los jóvenes la pelea fue una experiencia sexual // La extensión de sus deseos

Agarramos una patineta cercana

Por las ruedas // & La tiramos al suelo

Dijimos // Apártense o les rompemos la cabeza

Porque somos feministas // Nunca le romperíamos la cabeza a una joven

Porque creíamos en nuestra hermana // Abandonaríamos nuestro nombre

Nos convertiríamos // En cualquier animal que ella no

Nos haya pedido ser

*Round 2*

Sentados en el sofá // En la oficina de nuestro terapeuta

Había una mesa entre nosotros

Rompiendo la conexión

En general se nos borra la memoria

Se siente como mirar al sol // Grandes manchas negras donde debe haber brillo

A veces es mejor que la imagen esté borrada

Dijimos a nuestro terapeuta

Nuestra hermana estaba hablando por teléfono // Pudimos sentirla temblando por la línea

Un avión pasaba por una zona de turbulencia &

Se pasó a nosotros // Electrónicamente // & Comenzamos a temblar también

Nuestra hermana se fue a visitar a Papá

Quien rara vez fue Papá

Ella lo vio pegarles a las perras

Su mano alzada   otra vez   su mano alzada

Debe de haberles parecido tan grande a las perras

Imaginamos un aullido // Una pierna coja // El rabo entre las piernas

Preocupadas por encontrar una salida // De la habitación

Saltando entre sus piernas // Huyendo

Sin techo bajo el cual dormir salvo el suyo // Sin amo salvo él

Señor

Sin andar sin su collar

Su mano alzada         otra vez         su mano alzada

    Ella observaba

    A una perra que se llamaba Bella

    La otra se llamaba Luna

    La luna bella durmiendo fuera

    Temblando en la puta bodeguita

Nuestra hermana llamó porque los dos conocíamos la metáfora // Fuimos nosotros la perra

Escondiéndonos otra vez de Papá

Otra vez se llevó al médico // Al sofá con la pata rota

Pero esta vez // Ella alzó la voz

No les pegues nunca jamás a las perras cabrón &

La infracción más mínima // Nos puede devolver a la infancia

Él no entiende         por qué

Mamá dormía con una maleta debajo de la cama

Mamá se preocupaba cuando éramos todo huesos

Las perras ya no comían

Nuestras perras de cristal // Se soltaron de sus correas de cristal

Nuestro padre en el patio gritando

        Luna Bella

                Luna Bella

    Beautiful Moon

Beautiful Moon

        Como si esperara que alguien en el cielo // Le contestara

*Round 3*

Sí // A veces nuestro cuerpo lo anhelaba

El tacto suave & azul de moretón debajo de un suéter

Esta es la historia de manos encima de nosotros

De la violencia doméstica al // Kink al // Boxeo

    Estuvimos frente al pelotón de fusilamiento // Estuvimos encendidos // Una llama

    Extinguida // Fuimos extravagantes

    Nuestro optimismo reventado // Desde jóvenes

Comenzamos a boxear con otros supervivientes

Para soltar la ira

Como si la ira fuese un globito rojo

Que sube a la estratosfera // En zigzag

Tal vez la ira es lo que ocurre cuando el amor se siente amenazado &

Nos queríamos tanto

Que solíamos golpear nuestras costillas antes de dormir

Intentando endurecer la piel

Para no sentir cuando nos pegara Papá

Jab // Gancho // Cruzado // Agachar // Jab

En esa primera clase de boxeo // Nuestros brazos fueron un aluvión contra el saco

El instructor dijo // Imagina a tu enemigo &

Las lágrimas corrían por el rostro

Un lago pequeño cayó al suelo // Saltamos a él

Una enciclopedia de hijueputas // Apareció en el saco &

Los vencimos a todos

Uppercut // Jab // Deslizo // Cruzado

Caminábamos como si // Nadie pudiera tocarnos

Hicimos boxeo porque no bastaba la terapia & la escritura & el olvido

Boxeo porque

    A veces se siente como si

    No es nada más un sonido que uno hace para indicar peligro

    Como un tren silbando o una luz roja intermitente

    No no podría parar la colisión         Por más que lo deseáramos

    No     No     No

Nuestros puños le pegaban al saco // Como si eso pudiera detenerlo

Golpe de gancho // Uppercut // Uppercut

Agachar // Mantener la guardia

Imaginábamos a nuestros enemigos

Los pies rápidos por el suelo // Piernas cambiando de una posición a la siguiente

Sorprendidos por la gracia del flujo en el cuerpo de un boxeador

Antes de arrancarse los guantes empapados

Deshaciendo las vendas para ver el azul-rojo entre las redes // Los nudillos pelados

Le preguntamos a nuestro amigo // A qué enemigo golpeaba

    Dijo // Que peleaba contra la intolerancia & el odio

    Estaba luchando contra conceptos & no personas

En el vestuario // Esperaba a que nos desnudáramos

Antes de mostrar sus pezones

Contemplábamos el Brutalismo Mexicano // & Luis Barragán en un gimnasio de lujo

Porque nuestra vida se había convertido en eso

Dejamos atrás esa puerta // & Fingimos boxear en la calle

Nos reímos & nos tiramos golpes

Nos enseñábamos sobre forma

No el ghazal // Ni el soneto // Ni el triolet

Él dijo // Levanta el codo // No quieres que el golpe caiga en los dos últimos nudillos

Por un momento olíamos a ser grandes

Por un momento olíamos a demasiado grandes para ser atacados

Paseábamos cerca del East River en Brooklyn // Mirando hacía Manhattan & downtown

Pedimos permiso // Antes de ojear las estrellas

Mirábamos al One World Trade Center & nos acordábamos de

Lo que estaba ahí en nuestra juventud

Las Torres Gemelas

Nos acordábamos de visitar a las gemelas // Antes de que cayeran

O fueron tumbadas

Agua gris de perritos calientes en el carrito // Diagonal

Pensábamos que si América // El matón más grande // No fue inmune al ataque

Entonces cómo podíamos pensar que jamás estaríamos a salvo

Tal vez en las secuelas // Tenemos más en común con

América // De lo que queremos reconocer

Quizás un límite se convierte en frontera // Cuando a nadie se le permite cruzarlo

Tal vez construimos muros tan grandes // Para mantener fuera a todos

Tal vez nuestra boca fue un arma // Que teníamos prisa por utilizar &

En general tuvimos miedo de

La gente que nunca encontraríamos

        Que es como decir

                Vemos girasoles en los // Ojos de un amigo

                Algunas flores fuera del // Lavaplatos

                Cayendo en otro pensamiento

                Durante el descanso de almuerzo

                Lo analizamos mientras secábamos

                Los platos // Escuchando a Nina Simone

                Gemimos con sus entrevistas

                Creíamos cada palabra que

Decía // Cuando decía que la

Libertad significa vivir sin miedo

*Round 4*

Durante tres años // No hablábamos

Nuestra boca era una cueva colapsada

Pero el silencio nunca fue completo

Siempre hubo // Un latido a través de la pared

A medianoche // Nuestra hermana vomitaba en su blusa

Una sobredosis en la ambulancia

Qué había tomado // Tal vez

El silencio solo significa // Menos que la parte más ruidosa de la habitación

Tal vez la policía fue lo más ruidoso // & Por eso no escuchamos otras soluciones

Durante años // Nuestro sufrimiento fue tan ruidoso que

Era lo único que podíamos escuchar

La habitación de al lado no existió

No pudimos escuchar // El aliento de nuestra hermana

No pudimos entender // Que mientras nos pegaba nuestro padre

Ella estaba en la habitación de al lado // Sola & escuchando

El sonido de nuestro cuerpo apretado

Como pelota de papel // A punto de ser arrojada a la basura

La voz de nuestra madre // Por favor para // Déjalo por favor

Estamos haciéndolo de nuevo en este poema

Nuestra hermana está aún en la otra habitación // & Nadie escucha

La amalgamación de su silencio

Imaginábamos que buscaba refugio bajo las sábanas // Para escapar hacia el silencio

Que tarareaba

Imaginábamos que se ponía los audífonos & encendía la música

Imaginábamos que subía al techo // Para mirar a la noche etérea // O Etheridge

La ventana se abrió con un click // Sus pasitos en los peldaños

Nadie se percató de cuándo se había marchado

Podría haber invitado veinte gorilas a vivir en su dormitorio // Nadie lo hubiera sabido

Aún hubiera sabido a silencio allí dentro

Nuestra hermana escuchó el ruido sordo de nuestro caer // Durante años

Debemos ser agudos en esta memoria obtusa // Escuchó

La engrapadora tirada contra la pared

Cada foto de familia tapando agujeros // Que él hizo

Quizás así es como ella intentó sobrevivir

Mientras tuvimos la protección de nuestra madre

Nuestra hermana tuvo una botella de ginebra

*Round 5*

Nuestro terapeuta dijo que tenemos TEPT // & Que queremos una excavadora

Encima de nosotros

Giraron las estrellas tan lentamente

Durante las dos últimos rounds // Estamos noqueados

Ya no queremos pelear

Hemos peleado

Para acabar con la pena de muerte

En nuestro trabajo

Pero no nos importa quien vive o muere

Esta noche

Lo siento

Después de la violencia doméstica

Pensé que quedaría yo mismo

Pero en su lugar nos encontramos con los dientes // Molidos a azúcar

Aún le sentimos          e n t o d a s p a r t e s

Atamos dos pájaros a nuestros aritos

Vuela le dijimos a la mente

Nos agachamos frente a nuestra hermana

Le dijimos // No queremos escribir en público

Le dijimos // No sentimos cercanía // Con poetas // Con activistas // Con nadie

Le dijimos // Se acabó // Escupiendo en el balde

Le dijimos // Coach // Sácanos del ring

Debemos pasar los días // Trenzando margaritas en pulseras

Debemos pasar nuestros días

Toda una vida con tomillo

Nuestra hermana // Nos miró con tal compasión // & Tal alcance que

Cascadas comenzaron a manar de los oídos

Sus pupilas nos informaron

Eres necesario

Tienes que recordar // Eres fuerte

Te han golpeado antes

Tienes que levantarte // Puedes levantarte

A pesar de las cuerdas en nuestra espalda

Nuestra hermana aún nos animaba // Su corazón aún insistía

Nuestra madre aún animaba

Nuestros amigos animaban

Nuestro dios animaba

Nuestro Dios

Nuestras gasas // En las manos // Un chorro de agua en la boca

Agitamos los brazos // Nos secamos el sudor con una toalla

Para nuestros seres queridos // Hubo

Lo justo para levantar nuestra cabeza

Para recordar // Que las luces de ciudad nunca fueron sobre nosotros

Es el último round &

Nos susurramos

                    **Levántate marica & lucha**

**NOTA DEL AUTOR**

*Diaries of a Terrorist* fue originalmente publicado en inglés por Copper Canyon Press en 2022. Esta edición limitada del libro, para la traducción al español realizada por Lawrence Schimel, se lleva a cabo en 2025. Es una colaboración transnacional entre Editorial Kalina en El Salvador y Haymarket Books en los Estados Unidos.

La edición original en inglés de *Diaries of a Terrorist* no incluye el subtítulo *Abolish the Police* ("Abolir la Policía"). Esto se debe a que Copper Canyon Press le comunicó a Christopher Soto que son una organización sin fines de lucro dedicada a las artes literarias que recibe fondos estatales, y que no son una "organización enfocada en la defensa o el activismo" ni se adentran en lo "polémico". La edición en español del libro de poesía, publicada en El Salvador, cambió su título a *Los Diarios Desaparecidos*. Esto se debe a que el gobierno salvadoreño ha aprobado una legislación que hace ilegal escribir sobre las pandillas. En El Salvador, "terrorista" es sinónimo de estar vinculado a pandillas. Por lo tanto, la edición de Haymarket del libro de poesía es la más cercana a la intención original del autor e incluye el título completo: *Diaries of a Terrorist: Abolish the Police*.

El oficio de una obra literaria siempre está moldeado por su lenguaje y su proximidad al estado-nación. Así, Christopher Soto consideró importante que este libro fuera publicado en inglés y luego traducido al español, para flotar discretamente más allá de las fronteras nacionalistas, desde su hogar en América del Norte hasta sus tierras natales en América Central. Una poética de la abolición requiere que saltemos más allá de las fronteras impuestas por el statu quo hacia un futuro colectivo más liberado.

## BIOGRAFÍAS

Christopher Soto es un escritor radicado en Los Ángeles, California. Estudió poesía en New York University y es el compilador de la antología *Nepantla: An Anthology for Queer Poets of Color* (Nightboat Books). Escribe para *New York Times, Los Angeles Times, The Nation, The Guardian* y *Los Angeles Review of Books*, entre otros. Su primera colección de poesía, *Diarios de un terrorista*, fue publicada originalmente por Copper Canyon Press en 2022.

*

Lawrence Schimel es un escritor bilingüe y traductor literario radicado en Madrid, España, que trabaja en y entre el español y el inglés. Ha traducido más de 180 libros, incluyendo *Bluets* de Maggie Nelson (Tres Puntos), *No nos deis por muertos* de Danez Smith (Arrebato), *Tierra y lenguaje* de Garry Gottfriedson (Textofilia), *Impure Acts* de Ángelo Néstore (Indolent Books) y *Hatchet* de Carmen Boullosa (White Pine).

www.ingramcontent.com/pod-product-compliance
Lightning Source LLC
Jackson TN
JSHW020014080525
84031JS00005B/21